Narzissmus verstehen

Wie Sie egoistische Selbstliebe und Manipulation eines Narzissten erkennen und abwehren

inkl. Praxisbeispielen aus Beziehungen, Politik und Social Media

Christoph Lauterbach

Alle Ratschläge in diesem Buch wurden sorgfältig erwogen und geprüft. Eine Garantie kann dennoch nicht übernommen werden. Eine Haftung des Autors beziehungsweise des Verlags für jegliche Personen-, Sach- und Vermögensschäden ist daher ausgeschlossen.

INHALT

Definition

Persönlichkeitsstörung nach ICD-10 und DSM-5: In der Moderne lapidar als Selbstliebe abgetan, spricht die Psychoanalyse von einer Störung, welche häufig von Aggression, Depression oder sogar Suizidalität begleitet werden kann.

Ursprung

Der Begriff Narzissmus hat seinen Ursprung in der griechischen Mythologie.

Narziss, Sohn des Flussgottes Kephissos und der Nymphe Leiriope, wies alle Verehrer und Verehrerinnen zurück, niemand war ihm gut genug oder sprach ihn an.

Nachdem Narziss die Nymphe Echo zurückgewiesen hatte, rief diese die Götter an und Nemesis (in anderen Quellen Aphrodite) erhörte ihre Bitte um Bestrafung. Er legte Narziss eine unstillbare Selbstliebe auf. Narziss verliebte sich daraufhin in sein eigenes Spiegelbild, welches er in einer Quelle erblickte. Er wusste um die Täuschung, konnte sich aber dennoch nicht von seiner Schönheit abwenden.

In einer anderen Version soll Narziss die von den

Wellen erzeugten Verzerrungen seines Spiegelbildes für die Realität gehalten haben. Diese vermeintliche verzerrte Hässlichkeit seiner selbst konnte er nicht ertragen und starb.

In einer dritten Version soll er sein Spiegelbild gesehen und daraufhin festgestellt haben, dass er in seiner Fantasie weitaus schöner wäre als in der Realität. Dieses hat er nicht ertragen und soll sich selbst erstochen haben.

Eine letzte Version sagt, dass Narziss eine Zwillingsschwester hatte, in die er verliebt war. Deren Tod konnte er nicht ertragen und jedes Mal, wenn er sein Spiegelbild im Wasser erblickte, wurde er an sie erinnert. Dies hat ihn in den Selbstmord getrieben.

In allen Versionen wurde er allerdings nach seinem Tode zu einer Narzisse.

Somit handelt der Begriff Narzisst ursprünglich von Selbstüberhebung und Strafe. In der Spätantike wurde das Motiv in Vergänglichkeit umthematisiert.

Entstehung des Terminus und Verwendung

D er früheste Autor, welcher den Begriff verwendete, war der britische Philosoph und Dichter Samuel Taylor Coleridge 1822. Er verwendete „narcissm" als Grundgedanke von Eitelkeit in einem Brief, jedoch fand der Begriff erst einmal keine Nachahmer.

Der erste Wissenschaftler, der die Selbstliebe von Narziss mit menschlichem Verhalten verglich, war 1887 Alfred Binet, welcher in einer Fabel über den Zusammenhang von eben jener Selbstliebe und sexuellem

Fetisch schrieb. Der britische Sexualwissenschaftler Havelock Ellis verwendete 1898 den Begriff im Zusammenhang mit Frauen, die sich im Spiegel nackt betrachten und ihr Aussehen somit bewerten.

1899 prägte der deutsche Psychiater Paul Näcke den Begriff „Narcismus" als Standard und führte diesen ein, um verschiedene Arten der Selbstliebe unter einem Begriff zu vereinen. An oberster Stelle der Narzissmus-Arten setze er den „echten Narcismus", welchen er als schwerste Form des Autoerotismus benannte; ein Phänomen, welches seiner Ansicht nach aber äußerst selten vorkommt.

Alle sexualwissenschaftlichen Forscher des 19. Jahrhunderts waren sich allerdings einig, dass Narzissmus im Sinne eines erotischen Gefallens am eigenen Körper als erste Geschlechtsverwirrung einzustufen sei.

In der Psychoanalyse tauchte der Begriff in unserer heutigen bekannten Form „Narzissmus" erstmals durch Otto Rank auf. Etabliert hat ihn dann allerdings niemand Geringeres als Sigmund Freud in der offiziellen Theoriesprache seiner Schule 1914. Dort verwendete dieser den Begriff fest in seinem Essay „zur Einführung des Narzissmus". Durch Freuds Analyse des Begriffs und seine Rezeption der Frankfurter Schule (Zusammenschluss verschiedener Philosophen und Wissenschaftler) hat der Ausdruck Narzissmus einen

Fuß in die Tür der Wissenschaft und der Umgangssprache gefunden.

Heute wird dieser noch immer in verschiedenen Kontexten aus Psychologie und Psychiatrie, Philosophie, Soziologie, Sozialpsychologie, Kritik in Gesellschaft und Kultur bis hin zur Theorie im Management und der Organisationsforschung verwendet.

Narziss und Ödipus waren zwei Ikonen der Freud'schen Theoriebildung, dennoch war psychoanalytisch gesehen die Narzissmus-Theorie nicht einheitlich. Hinter dem Begriff verbergen sich nach wie vor zahlreiche umstrittene Konzepte und Behandlungsansätze.

Einerseits gibt es den stetig steigenden Gebrauch des Begriffs in Wissenschaft und Alltag, andererseits aber keine Einigkeit über eine konzeptionelle Grundlage.

Die wissenschaftliche Verwendbarkeit wird wegen der Vagheit des Begriffs dazu noch meist infrage gestellt.

Übereinstimmung besteht allerdings bei der Symptomlage und den Äußerungsformen einer narzisstischen Störung beziehungsweise ihrer Pathologie. Stefan Röpke, Leiter des Forschungsprojekts an der Charité, unterstrich den gesunden Narzissmus besonders und fasste verschiedene Konzepte zusammen:

„Ein gesundes, hohes Maß an Selbstwertgefühl ist

positiv. Damit wird man weniger krank, kann berufliche Konflikte besser lösen, hat stabilere Partnerschaften. (...) Eine einheitliche Definition über gesunden Narzissmus existiert gar nicht."

Frühe
Psychoanalyse

Isidor Sadger, der seit 1906 bei Freuds psychologischer Mittwochsgesellschaft Mitglied war, führte 1908 die Fachbezeichnung Narzissmus in die Psychoanalyse ein. Erst beschäftigte er sich mit der Homosexualität, ganz dahin gehend im Bereich der Sexualwissenschaft zu bleiben, und hielt dies für eine narzisstische Anomalie. Zumindest bis zu seiner Erkenntnis, dass die normale intime Tendenz immer über Narzissmus, also Selbstliebe, führt.

Otto Rang, welcher der gleichen Auffassung war, dokumentierte 1911 die erste psychoanalytischen Abhandlung, welche komplett dem Narzissmus geweiht war. Allerdings soll schon Näcke 1899 den Begriff psychopathologisch in einem Aufsatz über sexuelle Perversion verwendet haben. An anderer Stelle wird Freud zitiert und schreibt den Terminus einem anderen Fachkollegen zu:

„Der Terminus Narzissmus ist nicht (...) von Näcke, sondern von H. Alice geschaffen worden."

Freud hingegen nutzte den Ausdruck des Narzissmus seit 1909 und verarbeitete ihn in seiner Libido-Theorie. 1914 veröffentlichte er „zur Einführung des Narzissmus", in der er narzisstische Neurosen (Psychosen) von den bekannten Neurosen unterschied.

Er unterschied darin den primären und den sekundären Narzissmus und schloss daraus, dass psychotische Erkrankungen in früher Kindheit bei Betroffenen eine Fixierung auf den ersten Narzissmus hervorgerufen haben und sie sich so später darauf regredieren.

Unter dem primären Narzissmus verstand Freud, rein hypothetisch, den Zustand, den alle Menschen in ihrer oralen Lernphase durchmachen. Allerdings gekennzeichnet durch das Empfinden eins mit der Mutter zu sein und noch keinen Unterschied zwischen Subjekt (Selbst) und Objekt (der Mutter) gemacht zu haben. Die sexuelle Energie der Libido richte sich daher nur auf das eigene Selbst. Spätere Autoren griffen diese Theorie auf und entwickelten sie weiter. Unter anderem Margrit Maler, die den Begriff symbiotische Phase geprägt hat. Der primäre Narzissmus ist metapsychologisch und rein theoretisch. Er kann mit empirischen Mitteln nicht eindeutig nachgewiesen werden und findet in der heutigen Psychologie als Terminus kaum noch Verwendung.

Unter dem sekundären Narzissmus verstand Freud die Form, welche sich erst später in den Lebensphasen entwickelt, nachdem die Fusion von Subjekt und Objekt überwunden ist. Beim sekundären Narzissmus zieht man die sexuell empfundene Energie von Objekten ab und fokussiert sie auf seine eigene Libido. Dies tritt meist nach unerwiderter Liebe und Selbstwertkränkung auf und bezeichnet ein unumgängliches Stadium in der Persönlichkeitsreifung eines jeden Menschen.

Nach Freud wird dadurch unter anderem die Ausbildung des Ich-Ideals ermöglicht. Wenn die heutigen Analytiker unserer Psyche von Narzissmus sprechen, wird eigentlich immer die zweite Form gemeint, da sie, anders als die primäre Form, nicht nur eine Vorstellung beinhaltet, sondern auch aus der Erfahrung nachweisbar ist. Der Psychoanalytiker Willy Baranger aus Argentinien hat unter anderem darauf hingewiesen, dass Freud seinen Narzissmus-Begriff mehrfach widerrufen hat und ihn nicht komplett von Undurchdringlichkeiten und inneren Widersprüchen komplett befreien konnte. Die Frage, ob Narzissmus nun einfach eine

Lebensphase sei, eine normale menschliche Entwicklung oder doch eher eine Perversion, konnte abschließend nicht geklärt werden.

C. G. Jung war Freuds Schüler. Dieser entzweite sich allerdings von seinem Lehrer nach der Kritik an einer Fallstudie von 1911 über Daniel P. Schreber (deutscher und Autor und Jurist). Jung war überzeugt davon, dass die Libido-Theorie in diesem Fall keine Anwendung fände und erklärte die Theorie von Freud somit für gescheitert.

Jungs Schüler, Erich Neumann, (deutsch-israelischer Psychologe und Psychoanalytiker) nahm 1955 an der analytischen Psychologie am Freud'schen Ausdruck des ersten Narzissmus erhebliche Korrekturen vor. Freud verstand den sekundären Narzissmus als symbiotische Verschmelzung der Umgebung mit dem Lust-Ich. Neumann hingegen bezeichnete ihn als uranfängliches Sein der Einheitswirklichkeit, also entfernt von der erst zu entwickelten Subjekt-Objekt-Spaltung, in der das Ego die Gesamtheit und die Gesamtheit das Ego sei.

Diese erste zu durchlaufenden Beschaffenheit nannte Neumann die uroborische Phase (altgriechisch Schwanzverzehrer).

Dies sei nicht, wie Freud unterstellte, beziehungs-, weil objektlos, sondern die Kernbeziehung des Kindes zu seiner Mutter und die Grundlage der darauffolgenden Entwicklung. Freuds Benennung des ersten Narzissmus sei, so Neumann, verwirrend und nicht zutreffend.

Sandor Ferenczi gilt als Protagonist in dem post-freudianischen Dogma. In seine Arbeiten, wie zum Beispiel „Versuch einer genitalen Theorie" von 1924, modifizierte er den primären Narzissmus aus Freuds Konzept. Ferenczi fasste den ersten Narzissmus weniger als ein Stadium auf, welches durchlebt werden muss, um zum Preis der Begierde zu gelangen, sondern sah ihn viel mehr als archaischen Grund, aus welchem jede geistige Entwicklungsgeschichte erfolgt.

Das vorzeitliche narzisstische, verlangende und bittende Ich, welches den Sexualtrieb dem Verzehren nach dem vorgeburtlichen Garten Eden der fetalen intrauterinen Existenz unterwirft, sah er jedoch nicht. Durch diese Entzauberung des Gegenstandskernes gab Ferenczi nicht nur der Bewusstseinsseelenkunde, sondern auch dem britischen Gegen–standsverbindungs-ritus (Michael Balint) entscheidende Impulse. Während man in der Freud'schen Libido-Theorie das Sein als einen inneren psychischen Konflikt sah, begriff Ferenczi die grundsätzliche Kontroverse außerhalb des Charakters, welches im aufgeladenen Bereich zwischen dem Ego und der Umwelt, welche die narzisstische Entspannung und das zurückfallende Fordern, des Egos störe und verlangsame.

Er entfernte sich sogar noch mehr von Freud, als er behauptete, in diesem geladenen Bereich sei neben dem konfliktreichen Verlauf auch die beruhigende und konfliktfreie Entwicklung möglich. Psychologie-historisch gesehen ist Besagtes der wichtigste Punkt dafür, dass Ferenczi den Narzissmus zu einer Beeinträchtigung umdeutete, die aufgrund schädlicher Umwelteinflüsse entstünde.

Alfred Adler hatte zuvor für diese Theorie viele günstige Bedingungen geschaffen, auch wenn der Terminismus Narzissmus kaum in seinen Arbeiten vorkommt. Ferenczis Schüler, Michael Balint, entwickelte 1965 den primären Narzissmus als Bedürfnis eines Babys, gerngehabt zu werden (siehe auch Ferenczis passive Objektliebe des Kindes). Die Enttäuschung dieser Zuneigung führt, nach Balints Auffassung, entweder zu dem zweiten Narzissmus oder zu einer aktiven Interjektion, die der Heranwachsende lernt, um eine Liebe zu seiner Person aufzubauen. Balints Leitgedanke des ersten Narzissmus, welchen er als erste Liebe bezeichnete, geht weitestgehend einher mit der Auffassung seines Mentors Ferenczi.

Allerdings schrieb Balint hauptsächlich über die Machtlosigkeit und Hörigkeit eines Kindes seiner Mutter gegenüber. Die Omnipotenzgefühle, die Ferenczi in seinen Darstellungen des primären Narzissmus in den Vordergrund stellt, deutete Balint hingegen als sekundäre Bindung, welcher ein verzweifelter Versuch, sich selbst gegen die eigene Machtlosigkeit zu verteidigen, vorausgeht.

Balints großes Interesse galt allerdings der Grundstörung, also der krankhaften Entfaltung innerhalb der Beziehung von einer Mutter und ihrem Nachkommen, die im Endeffekt in einem grundlegenden Mangel an Struktur endet. Laut Balint äußert sich dieser Mangel dahin gehend, dass die gesunde menschliche Liebe entweder komplett gemieden oder aber in nicht angemessener Weise gesucht wird.

Melanie Klein sprach sich 1945 auch gegen den Freud'sche Entwurf des ersten Narzissmus aus. Weiterhin gab sie an, dass es bereits bei Säuglingen kein Gefühl und keine Gedanken gäbe, die nicht alle zu erfassenden Objekte miteinbezögen.

Ihre Objektbeziehungstheorie basiert darauf, dass im Mittelpunkt des emotionalen Lebens nicht das uranfängliche All-Eins steht, sondern nur die reine Objektbeziehung. Narzissmus ermittelte sie vorab darin, wo Freud von dem zweiten Narzissmus spricht, das heißt bei einer Beendigung von externen Verhältnissen durch beispielsweise Gefühlsverletzung.

Doch sogar in diesem Punkt wendete Klein sich von der Freud'schen Theorie ab, während sie immer wieder bekräftigte, dass jener Narzissmus von Beginn an mit Missgunst und Macht-zuwachsendem Angriff verbunden sei. Ihr Gefolgsmann, Herbert Rosenfeld, entwickelte diesen Ansichtspunkt der Störung danach noch weiter aus. Ein wegweisendes Buch, welches 2020 in dritter Auflage erschien, stammt von Donald Winnicott, einem bekannten Verfechter der englischen Objektbeziehungstheorie in externer Stellung von Melanie Kleins Lehranstalt. In seinem Konzept, welches von Mitte 1970 stammt, spricht er vom falschen Selbst.

Der Vertreter der Ego-Seelenkunde, Heinz Hartmann, führte 1950 den Ausdruck des eigenen Seins in die Seelen-kundige Nomenklatur ein und präzi–sierte somit das Narzissmus-Konzept. Eric H. Ericsson und Edith Jacobson folgten ihm später. In Freuds Theorie hatte nur das Ich auf die Vermittlung und Anforderungen der Umwelt reagiert.

Der Verdienst der Ich-Psychologie bestand allerdings darin, dass das Ich darüber hinausdenken, wahrnehmen und handeln kann. Hartmann definierte dies als Substanz des Ich, nämlich die Gesamtheit der Selbstrepräsentanz. Anders als Freuds karges und abstraktes Ich kann Hartmanns Ich selbst geliebt werden und folgerichtig definierte er den Narzissmus als libidinöse Besetzung des Selbst.

1971 und 1977 Griff Heinz Kohut Hartmanns Definition des Selbst auf, ging aber darüber hinaus und erklärte, dass eigene zu erfassende Ich sei der Mittelpunkt des seelischen Kosmos eines jeden Menschen.

Im Gegensatz zu Freuds Theorie des ersten Narzissmus behauptete Kohut, es gäbe eine selbstständige Entstehung des selbst wahrzunehmenden Egos neben der Entstehung der Sexualität. Die selbstverliebte Störung wird hier also nicht mehr nur als Etappe auf dem Weg zum Gegenstand gesehen, vielmehr bekommt sie eine eigene Bedeutung, welche die Kernaussage der Kohut'schen Selbst-Psychologie ist. Laut Kohut haben Kinder vor allem 3 Bedürfnisse: das Bedürfnis nach der Responsivität der Eltern, also das Verhalten der Eltern, welches von den Eltern wiedergegeben und verankert wird. Das Bedürfnis, die Eltern auf eine meist unverdiente Empore zu heben sowie das Verlangen nach Zugehörigkeit.

Ein intaktes Selbst kann das Kind also nur dann entwickeln, wenn diese 3 Bedürfnisse ausbalanciert sind und es lernt, diese aus eigener Kraft zu festigen. Ein pathologischer Narzissmus entsteht laut Kohut dann, wenn diese 3 Bedürfnisse entweder chronisch durch die Eltern unzureichend befriedigt werden oder die Frustration des Kindes traumatisch wird. Als ein typisches Symptom für einen pathologischen Narzissmus benannte er dann das ständige Betteln nach Anerkennung und Bedeutung.

Für Kohut war nach seinem Konzept des autonomen Narzissmus das Ende der Psychoanalyse gekommen. Diese neue Selbst-Psychologie wurde allerdings innerhalb der Psychoanalyse in der klassischen Position heftig diskutiert. Als Sammelbezeichnung für diese Erörterung wurde der Name Kohutismus geprägt und steht als Uneinigkeit zwischen Kohut und Otto Kernberg aus den 1970er-Jahren.

Für Kohut war der pathologische Narzissmus eine reine Entwicklungsverzögerung des gesunden Selbst, welches daraus entsteht, dass das Kind schon früh Frustration und Entbehrung lernt, welche die Erziehungsberechtigte ihm abverlangt.

Als Erwachsene haben diese Betroffenen dann Anpassungsstörungen aus Angst, erneut abgelehnt zu werden oder Ohnmacht und Beschämung zu fühlen, wie sie es als Kind erlebt haben. Kernberg hingegen vertrat den klassischen und theoretischen Stand des Triebes, welcher bei Erwachsenen als differenzierte Art der durchschnittlichen Heranwachsenden zu der reifen Objektliebe auftritt.

Bei Kernberg ist nicht die Endstation der Behandlung die Heilung des eigenen Seins sowie bei Kohut, vielmehr das Ankommen der vollendeten geschlechtlichen Sexualität. Er war sich sicher, dass die selbstverliebte Störung nur einen krankhaften Missstand aufzeigt und sich vom normalen, beschränkten Narzissmus wertig unterscheidet.

Dem warmen Narzissmus eines Kindes stehe der kalte Narzissmus eines Erwachsenen gegenüber, bei dem nicht durch Bewunderung und Anerkennung durch die Umwelt, wie Kohut erst dachte, sondern nur durch Konfrontation mit den verleugneten Aggressionen zu helfen sei.

Denn eine erwachsene sexuelle Beziehung setzt eine gewisse Reife voraus, die ein Kind noch gar nicht fühlen und erfassen kann. Für Kernberg spielt auch der Neid als unbewusste Motivation eine große Rolle in der Kennzeichnung des Narzissmus. Denn Narzissten brauchen ein Publikum, welches sie beneidet und bewundert. Was der Narzisst gleichzeitig möchte und auch gleichzeitig verachtet.

Der ideale Partner für einen Narzissten wäre demnach ein Masochist. Ein großer Leidensdruck entsteht für Narzissten zumeist erstmalig in den späten Lebensjahren, denn der normale Alterungsprozess ist für solche Menschen außergewöhnlich schwierig zu verarbeiten. Freud ging noch davon aus, dass egoistisch gestörte Individuen nicht zufriedenstellend therapierbar sind. Hingegen haben Kohut und Kernberg die Beziehung von Kranken und Analysten kategorisch definiert und Heilungseinleitungen entwickelt, welche eine Heilung des Narzissmus beherbergen sollten, auch wenn sie nicht der gleichen Auffassung waren.

Grundsätzlich unterscheidet man aber den psycho-genetischen Narzissmus als notwendige Entwicklungsstufe von dem negativ Belasteten. Den

Begriff des krankhaften Narzissmus erläuterte Freud als Narzissmus der Libido, die nur auf das Ego fixiert ist, anstelle des Elements seiner Umgebung.

Dies führe zu der Entwicklungsstufe, bei der das eigene Selbst durch das geringe Selbstwertgefühl und durch die überhebliche Eigenansicht kompensiert wird. Heinz Kohut entgegen sah den Narzissmus als wichtigen Baustein der Persönlichkeit und weniger nur als Zeitspanne, die jedes Individuum durchleben muss. Er war der Meinung, dass der gesunde, autonome Narzissmus befürwortet werden sollte.

Dies sah auch Alice Miller so, sie sah den Begriff als positives Merkmal. Narzisstisch zu sein, war für sie etwas vollkommen Normales und Gesundes und bezeichnete jemanden, der seine eigenen Ziele verfolgt, beziehungsweise verfolgen kann. Eine Störung entsteht laut Müller erst dann, wenn das Kind seine eigenen Emotionen und Bedürfnisse nicht ausdrücken und benennen dürfe, somit auch nicht ausleben könne und später ein Ventil dafür brauche. Dies äußere sich dann meist in Depressionen und den Gefühlen der Großartigkeit, welches die beiden Seiten der Medaille für sie darstellt.

Narzissmus als Diagnose stellen

Um in der Forschung der Sozialen- und Persönlichkeitspsychologie das Konstrukt des Narzissmus zu bestimmen, wurde der NPI (narcissistic personality inventory) als Instrument der Wahl am meisten genutzt. Dieser bezieht sich rein auf die Eigenschaften der Persönlichkeit in der allgemeinen Bevölkerung und nicht auf die pathologische Ausprägung der narzisstischen Persönlichkeitsstörung. Narzissmus geht allerdings auch mit einer Fehlanpassung im Verhalten einher. Leider wird der Ballast des gesellschaftlichen Umfeldes für eine Anpassung als krankhaftes Verhalten in dieser Sichtweise vernachlässigt. 2010 kam ein Forscherteam der Universität in Illinois bei einer Untersuchung zu dem Entschluss, dass Narzissmus nicht einzig eine Problematik des Geburtsjahres, sondern auch vor allem der Altersklasse sei, denn demnach neigen Erwachsene zwischen 18 und 29 Jahren häufiger zum Narzissmus.

Allerdings sei dies laut der Forscher zu jeder Zeit und zu jeder Generation so. Weit verbreitet ist auch die Annahme, dass Narzissten sich in Wirklichkeit hinter einem sehr geringen Selbstwertgefühl verstecken. Allerdings sprechen neuere Untersuchungen nicht in allen Fällen dafür. Vielmehr haben laut der neuen Studie Narzissten eine übermäßig positive Meinung in sämtlichen Bereichen ihrer persönlichen Befähigung, wie zum Beispiel der Intelligenz und nicht nur eine neutrale Sicht in diesen Bereichen wie Nicht-Narzissten.

Eine weitere Studie besagt, dass Prominente in der Medienbranche meistens narzisstischer sind und deswegen bessere Aufstiegsmöglichkeiten in der Unterhaltung haben, da ihre Ausstrahlung eine ganz andere ist. Eine einzelne Ursache für eine theoretische Spekulation des Narzissmus heranzuziehen, ist nicht möglich, da es zahlreiche Theorien über die Bedeu-tung von den Ereignissen in der Kindheit gibt. So ist zum Beispiel die Erziehung ausschlaggebend für die Entwicklung narzisstischer Persönlichkeitsmerkmale. Laut Kernberg fördern nicht wertschätzende und abweisende Eltern die Entwicklung des Narzissmus bei ihren Kindern.

Allerdings darf man nicht vernachlässigen, dass es einen genetischen Anteil von 56 % in der Erblichkeit des Narzissmus gibt. Man geht davon aus, dass dies dem möglichen Einfluss in der Erziehung entgegenspricht. Dort unterscheidet man zwischen dem grandiosen und dem verletzlichen Narzissmus. Der grandiose Narzissmus geht einher mit einer schwachen Erziehung und dem Grundgedanken, dass das eigene Kind viel spezieller und anspruchsberechtigter sei als andere Kinder, während hingegen der verletzliche Narzissmus eher mit Einmischung oder auch inkonsequenter Erziehung einhergeht.

Den sogenannten Prototypen eines Narzissten gibt es somit nicht. Und der Begriff sollte auch nicht inflationärer benutzt werden. Der Begriff Narzissmus ist allerdings gerade in Mode. Frauen bezeichnen Männer als Narzissten, wenn sie beispielsweise modebewusst sind und etwas aus sich machen wollen. Ähnlich wie früher Frauen von Männern ständig als hysterisch bezeichnet wurden, erklärt Dr. Udo Polzer, ärztlicher Direktor an der Asklepios Fachklinik Stadtroda. Ein klares Merkmal einer narzisstischen Persönlichkeitsstörung ist, dass die Menschen sich im Grunde immer fremd sind und nicht wissen, wer sie wirklich sind. Sie kennen nur das Bild von sich, welches sie aufgebaut haben, und wissen gleichzeitig aber, dass sie diesem niemals entsprechen können. Dieser Drang wird zum Inhalt ihres Lebens. Therapeuten haben mittlerweile herausgefunden, dass es 3 Hauptarten von Narzissten gibt.

Die Nehmer, die Geber und die Ausgeglichenen. Zu den Nehmern zählen Menschen, die endlos über ihre Probleme reden, sich aber überhaupt nicht für die Probleme anderer interessieren und ständig um Gefallen oder Extra-Behandlung bitten und betteln. Die Geber sind übermäßig großzügig, sie machen Geschenke und schenken viel Aufmerksamkeit. Allerdings erwarten sie auch immer, dass man sich dafür dankbar zeigt und sie möchten, dass die Gefallen und Geschenke auf mindestens demselben Niveau ungefragt erwidert werden.

Die Ausgeglichenen bilden die dritte und kleinste Gruppe; sie sind eine Mischung aus den ersten beiden. Sie sind sich nicht zu schade dafür, aufrichtige Komplimente zu verteilen, erwarten diese aber auch im gleichen Maße. Nur so kann man sie bei Laune halten.

Der Terminus in der heutigen Zeit

Den Begriff des Narzissmus finden wir auch häufig in der Analyse des Managements und der Forschung in Verwaltungen. Es wird angenommen, dass narzisstische Charaktere häufig in Führungsstäben zu finden sind und sich somit auf den Unternehmenserfolg auswirken.

Man geht davon aus, dass der Narzissmus auch einen kollektiven Charakterzug hat, wonach ganze Gruppen und Organisationen narzisstische Wesenszüge aufweisen können. Allerdings stellt sich dort die Frage, wie produktiv der Narzissmus wirklich ist (visionäres Handeln kontra Größenwahn).

Herbert Mack schaffte eine folgenreiche Neubewertung des Narzissmus: Er rehabilitierte Narzissten in Grundbedürfnissen und Bevölkerung und hatte somit große Wirkung auf die Revolte der Studenten und die soziale Umstrukturierung in den 60er-Jahren.

Bei Mack wurde Narzissmus zu einem neuen Leitbild der Kultur und wurde einem angepassten Ödipus in einer althergebrachten Zivilisation gegenübergestellt. Erich Fromm hingegen, ein Psychoanalytiker, bestimmte den Narzissmus als Opposition zur Liebe und grenzte den Narzissmus eines Einzelnen und Gruppennarzissmus gegeneinander ab.

Laut Fromm tendieren die Egoisten dazu, die Gesellschaft dadurch zu steuern, dass sie Kontrolle über sie erlangen. 1956 erschien die „Kunst des Lebens", worin der Unterschied von Selbstliebe als ergiebige Form des Narzissmus und Selbstsucht als destruktive Form des Narzissmus erläutert wurde. Während laut Freud die Selbstliebe die schädlichste aller Liebesformen sei, beruft sich Fromm auf das Gebot der Nächstenliebe, welches schon in der Bibel steht.

Erich Fromm 1956:
„Die Liebe zu anderen und die Liebe zu uns selbst stellt keine Alternative dar, ganz im Gegenteil wird man bei allen, die fähig sind andere zu lieben, beobachten können, dass sie auch sich selbst lieben."

Für Fromm war Selbstsucht die Form des destruktiven Narzissmus und ein Zeichen fehlender Eigenliebe und letztlich der Selbstzerstörung, denn der egoistische Selbstverliebte sei unfähig, Freude zu empfinden und sähe das Universum nur als gegeben, um egoistisch und eigensüchtig Ausbeutung zu betreiben. So war Fromm auch der Meinung, dass mangelnde Objektivität beim Narzissten zu finden ist. Denn alles, was der Narzisst in seinem Erlebniszustand definiert, sei es sich selbst als Person, seinen Körper oder seine Bedürfnisse, wird von ihm als völlig real erlebt, während alles andere, was kein Teil seiner eigenen Person ist, für ihn auch kein volles Dasein besitzt und somit ohne Sinn und Nutzen bleibt.

Selbst heutige Experten leiten ab, dass die meisten Narzissten keinen hohen Selbstwert haben, sondern die Betroffenen erheblich unter Selbstzweifeln leiden und nur durch ihre vermessene Lebensgeschichte versuchen, diese zu verbergen. Von purer Eigensucht kann man also nicht mehr sprechen. Menschen mit narzisstischer Persönlichkeitsstörung haben vielmehr eine innere Leere und sind daher auf die Anerkennung der anderen Personen angewiesen. Die Auszeichnung der Persönlichkeit geht allerdings meist einher mit der Abwertung des Partners oder der Personen um sich herum wie Kollegen oder Freunden. So versuchen die heutigen Narzissten, ihre negativen Sinneswahrnehmungen zu bewerkstelligen, aber eine einfache Kränkung durch einen Kollegen oder in der Beziehung kann schon Rachsucht erzeugen, welche aber meist in Depressionen oder Suizid endet.

Die theoretische Entstehung des Narzissmus in der Kindheit

Generell ist der Narzissmus eine normale Stufe der Entwicklung in der Kindheit. Das normale Kind braucht die Wiedergabe seines Handelns von den Eltern oder den Erziehern. Es muss sich als eigene Person entdecken und braucht die Zusage, bemerkenswert zu sein und mit der eigenen Art auch geschätzt zu werden.

Nur so kann es seine Grenzen lernen und daran

wachsen. Hat ein Kind jedoch sehr fordernde Eltern, versuchen diese, aus dem Individuum des Kindes ihr eigenes Wunschbild zu formen. Der reale Mensch, den das Kind eigentlich verkörpert, gerät dabei vollkommen in den Schatten. Nun lernt das Kind, dass nur die oberflächliche Wirkung zählt, die nach außen dringt.

Es bleibt innerlich isoliert und zieht seine Gefühle zurück. Allerdings kann auch das genaue Gegenteil die narzisstische Persönlichkeit fördern. Wenn die Erziehungsberechtigten die eigennützigen Bedürfnisse des Kindes zu lange begleiten, den Nachkommen in den höchsten Tönen loben und dafür sorgen, dass es alles hat, was möchte, und es nie ein Nein gelernt hat, wird das spätere Abbild des Kindes sich kaum an die Frustration des Lebens anpassen können.

Enttäuschen und Überbehüten führen somit bei den Menschen mit wankendem Selbstgefühl nur dazu, die Bestätigung der anderen zu brauchen. Leider fällt beides oft zusammen, erst vergöttern die Eltern ihre begabten Kinder und degradieren sie darauffolgend, sofern sie es nicht schaffen, in den vorgegebenen Sektoren die Höchstleistung zu erbringen. Dadurch begreift das Kind, dass es nicht seiner um selbst willen geliebt wird, sondern nur seiner Außenwirkung wegen. Somit bleibt der kindliche Größenwahn bestehen und fügt sich gleichzeitig mit der Angst des Versagens zusammen.

Das Streben nach Vollkommenheit mischt sich mit der oberflächlichen Verachtung. Narzissten haben auch häufig gestörte Eltern. Väter, die sich im Beruf größer machen oder umgekehrt, im Beruf versagen und als Ventil die Familie terrorisieren. Generell kann man sagen, dass ein Narzisst heranwächst, wenn er als Kind nicht seine natürlichen Bedürfnisse entwickeln konnte. In der heutigen Zeit ist diese Störung ein gesellschaftliches Phänomen geworden. Kinder und junge Menschen werden überflutet mit imitierten Bedürfnissen, die ihnen das Fernsehen und die sozialen Medien suggerieren.

Heutzutage ist ein Kind nichts mehr wert, wenn es keine Markensachen trägt oder nicht mindestens Modellmaße hat. Für Eltern wird es immer schwieriger, ihren Kindern genug Selbstbewusstsein mit auf den Lebensweg zu geben, um sie zu starken Persönlichkeiten heran zu formen.

Durch das gestörte Selbst und Selbstwertgefühl kann der Narzisst selten allein sein, allein fühlt er sich ausgebrannt. Er ist also nicht selbstverliebt, sondern ist er von sich selbst gespalten. Diese Entfremdung kompensiert er durch die Vollkommenheit der Fantasie und durch die Überanpassung oder das Streben danach, dass seine Leistung von anderen aus seinem sozialen Umfeld anerkannt werden.

Narzissmus in der Heiligen Schrift

Die Gottesfrau Sonja Wieland aus der Kanton Schweiz führte in ihrem Buch viele Kerneigenschaften und Bedrohungen der pathologischen Selbstverliebtheit auf, die schon vor über 2000 Jahren in der Heiligen Schrift der Christen benannt wurden. In dem Buch der Bücher nimmt man indes sogar Unmengen an Verweisen darauf wahr, wie man es schaffen kann, sich von Narzissten abzugrenzen. Man findet allerdings dort auch Halt und Zuflucht, wenn man die Erduldung eines Narzissten zum Beispiel in einer Partnerschaft verarbeiten möchte.

In vielen Bereichen wurde das Thema Narzissmus

angesprochen und erforscht. Nur geisteswissenschaftlichen Disziplinen wie zum Beispiel in der Theologie fehlen noch und könnten eventuell eine spirituell-existenzielle Perspektive öffnen.

Es gab vor 2000 oder 3000 Jahren noch kein Fachgebiet namens Psychologie und die Störung wurde auch weder als solche erkannt noch benannt, aber die Kennzeichen, die der Narzissmus mit sich bringt, waren durchaus offenkundig. In der Bibel spricht man von bösen Menschen oder vom Bösen selbst. Diese Merkmale haftet man dem Narzissmus an.

Die Bibel ist selbstverständlich kein Psychologiebuch, dennoch sagt die Pfarrerin, dass man allem voran in den Klagepsalmen den Schmerz spüren kann, den Menschen damals erlitten haben, wenn sie von den Gestörten gejagt und eingeschüchtert wurden. Das Bild des Wolfs im Schafpelz, welches in der Bibel häufig gebraucht wird, beschreibt einen Charakter, der narzisstische Eigenschaften haben soll. Die Bibel ist eine Ansammlung diverser Bücher aus verschiedenen Kulturen und in verschiedenen Sprachen verfasst.

So wurde sie damals in Griechisch, Hebräisch oder Aramäisch verfasst und trotz sorgfältiger Übersetzung kann man erkennen, dass es häufig in allen Kulturen und Sprachen mythologische Bilder und Metaphern gibt, die auf damalige Narzissten hinweisen.

Das Böse setzt die Gottesfrau in Anführungszeichen, da sie sagt, ob es das Böse gibt und in welcher Art und Weise, ist eine elementare Erkundigung nach dessen Quelle und darüber gehen die Meinungen auseinander und sind oft philosophisch oder gesellschaftlich eingefärbt. Dennoch sagt sie klar, spricht die Bibel von dem Bösen und das Böse entsteht aus einem Mangel an etwas Gutem. Einem Mangel an Mitgefühl, einem Mangel an Gerechtigkeit und diese Mangelmetapher sieht sie als ersten Hinweis auf Narzissmus.

Der Narzissmus auf kosmischer Ebene ist für die Pfarrerin klar das Beispiel des Teufels. Der Teufel ist immer Gottes Widersacher. Luzifer war eigentlich ein Engel, sehr ästhetisch und wesentlich dies hatte er jedoch zu hoch eingeschätzt und er wollte erreichen, dass die weiteren Engel und auch der Allmächtige ihn so sehen und verehren, wie er sich selbst sah. Dies ging aber nach hinten los. Und er, so wie alle Engel, die sich von ihm reizen ließen, wurden aus dem Paradies entfernt. Ihm wurde der Name weggenommen und er trug fortan den Namen Satan, bis heute als der Gegenspieler zu Gott gesehen. Nun ist er der Teufel, allerdings immer noch ein Engel, aber ein gefallener Engel, dessen Gegenspieler jetzt der Erzengel Michael wäre. So sieht die Pfarrerin den Mythos vom Ursprung des Bösen. Luzifers Anspruchshaltung und Selbstvergötterung wird in allen Mythen allerdings schon deutlich hervorgerufen. Auch findet sich in der Bibel das Spiel mit den

Gefühlen anderer. So wird in Sprüche 26 Vers 18 gesagt: „Wie ein Irrer, der mit Brandpfeilen und Waffen spielt, ist einer, der seine Freunde betrügt und dann sagt „Es war nur ein Scherz".

Weiterhin sieht die Pfarrerin Anzeichen des Narzissmus in Sprüche 26 Vers 24: "Ein böser Mensch ist voller Falschheit, aber er versteckt sie hinter schmeichelnden Worten und wenn er noch so freundlich redet, glaub ihm nicht, er hat alle erdenklichen Teufeleien im Sinn." So zieht es sich durch die gesamte Bibel und man spricht von Schmierkampagnen, also übler Nachrede durch den Narzissten, von den Lügen und falschen Versprechen. Und natürlich von der Kritikunfähigkeit und dem Suchtcharakter narzisstischen Verhaltens.

Natürlich sind die Worte andere und wer Bücher über Psychologie liest, welche sich mit Narzissmus befassen, der liest selbstverständlich andere Bezeichnungen, als wenn er die Bibel liest. Aber wer schon mit einem Egomanen zu tun hatte und dann das Buch der Bücher mit den Augen eines eben solchen Leidtragenden liest, dem erscheinen die Besonderheiten des gestörten Verhaltens unübersehbar.

Die Pfarrerin würde sie sagen, dass ab Kapitel 4 der Bibel (der Brudermord), welches das letzte Kapitel ist, das nicht von Narzissmus handelt, die übrigen 1500 Bögen Fußnoten dazu wären wie pathologischer

Egoismus in Schöpfung und Spezies sowie zwischen Menschen und Gott entsteht. Sie sieht Jesus als Entlarver des Narzissmus. In ihren Augen beschreibt er den selbstsüchtigen Egoismus als das, was er laut der Bibel ist: Die eigene Vorstellung der Allmächtige persönlich sein zu wollen.

Narzissmus in einer Partnerschaft

Während die gesunden Menschen gern mit sich allein sind und sich wohlfühlen, wenn sie Bücher lesen, ihren Interessen nachgehen oder im Wald spazieren gehen, ist dies für den Narzissten kaum vorstellbar. Sie verstecken ihr brüchiges Selbst lieber hinter einer Fassade. Sie beeindrucken andere zwar damit, sind aber auch zugleich durchgehend auf die falsche Bewunderung angewiesen.

Denn eigentlich bewundern die Menschen um ihn herum nicht ihn selbst, sondern nur das Image, welches er nach außen trägt. Das Gefühl für seinen eigenen Wert hängt also ausschließlich von der Umgebung und von den Menschen um ihn herum ab. Manche Narzissten wissen es bewusst, andere eher unbewusst. Daher produzieren sie ihr Image immer wieder neu. Somit befinden sie sich in einer Endlosschleife.

Diese Größenfantasien resultieren aus der Ich-Schwäche. Vergleichbar mit einem Drogenabhängigen muss die Wirkung ständig erhöht werden, sonst fühlt er sich immer leerer. So schafft der Narzisst eine Kunstfigur und entfremdet sich immer weiter von sich selbst. Er kappt die tatsächliche Verbindung zu Familie und Freunden, denn Verbindungen, die auf gegenseitiger Achtung basieren, bedeuten Tadel. Da der Narzisst aber ein beschädigtes Selbst hat, flüchtet er lieber vor diesen Beziehungen, als sich ihnen zu stellen.

Gleiches gilt für das Lügen, alle Menschen lügen. Man hat Geheimnisse vor seinen Geschwistern, vor Kollegen oder Freunden. Klassische Lügner wissen auch, dass lügen nicht gut ist. Der Narzisst hingegen begreift den Unterschied nicht zwischen real und unwirklich bei seinen Aussagen.

Da er seinen peripheren Nachweis auf Unwahrheiten aufbaut, hat er auch keine Verbindlichkeit zur Wahrheit. Wirklich und Wahrheit ist für ihn das, was ihm in einem bestimmten Umstand als nützlich erscheint. Sie irritieren sich auch nicht selbst durch die Kontraste in ihren privaten Berichten, sondern überrumpeln eher die Menschen mit ihren konstanten Daten und Regeln.

Denn er erfindet die Wahrheit, seine Lügen sind die Entwürfe der Wirklichkeit. Um die reale Wirklichkeit abzuleugnen und die Harmonie seiner Scheinwelt aufrechtzuerhalten. Denn der Anschein von Erhabenheit und Kontrolle muss gewahrt bleiben. So imponieren die Narzissten am Beginn von Beziehungen häufig damit, dass sie dem neuen Partner das Blaue vom Himmel versprechen.

Sie verlieren sich selbst in der Fantasie und brechen diese Beziehung gern abrupt ab, wenn die Seifenblase platzt. Doch vorher durchläuft die Beziehung zu einem Narzissten mehrere Berg- und Talfahrten. Narzissten nutzen diverse Strategien, um sich die Macht in den Beziehungen zu sichern. Sie streiten sogar ab, was sie vorher noch gesagt haben, wenn sie es in diesem Moment nicht als angemessen ansehen. Sie stellen ihre Heftigkeit als Teilnahme dar und verstecken mentale Vergehen als Fürsorge. Hat der Partner Erfolg, werfen die Narzissten meist Geschichten von anderen ein, die noch bewundernswerter sind, oder sie bauen in einem Nebensatz eine Abwertung ein, denn sie sind neidisch auf die Erfolge anderer und möchten diese lieber klein halten. Narzissten erkennen die Leistung ihrer Partner auch an, aber grundsätzlich mit einem Unterton, der ihnen aufzeigen soll, wie viel sie dafür leiden mussten.

Narzissten belohnen die Leistung ihres Partners auch nur, wenn sie sich damit selbst in den Mittelpunkt stellen können. Ansonsten beachten sie diese Leistung nicht oder tadeln sie ab.

Weiß der Gestörte, dass er bei einer Zusammenkunft nicht im Mittelpunkt stehen kann, erscheint er entweder gar nicht erst oder er trumpft mit unglaublichen Geschichten auf. Beispielsweise dass die Person, die gerade im Mittelpunkt steht, alles nur ihm schuldet, weil er so viel dafür opfern musste. Narzissten zerstören auch gern den Erfolg ihrer Nächsten.

So zetteln sie gern vor wichtigen Terminen einen Streit an, um den Partner nicht rechtzeitig bringen zu können oder halten den Partner vor einer Prüfung am nächsten Tag lange wach, sodass dieser keine volle Leistung bringen und somit nicht erfolgreich sein kann. Generell stellt der Narzisst alles, was der Partner tut, unter einen Scheffel. Begehrt der Partner auf, dass er ungerecht behandelt wurde in einer Situation mit einem anderen Menschen, stellt sich der Narzisst sofort auf die Seite des Gegenübers, ohne überhaupt zu wissen, worum es ging. Narzissten klagen auch grundsätzlich beim Partner über dessen Defizite („Mit anderen war alles einfacher, ich weiß gar nicht, warum ich es mit dir noch aushalte"). Oder der Gestörte ist mit Vertrauten allein und beschwert sich laut darüber, dass ihn niemand lieben würde. Gern auch schwärmt der

Narzisst in Gegenwart des Partners von anderen, nur um dem Partner zu vermitteln, wie wenig er ihm bedeutet oder wie wenig Bedeutung er generell für den Narzissten hat.

Interessant wird es, wenn Angehörige die Narzissten zur Rede stellen. Sofort unterstellen die Narzissten eine blühende Fantasie oder raten dem Partner, eine Psychotherapie zu besuchen. Sie unterstellen ihren Kritikern, keine Ahnung zu haben oder behaupten, sich nicht erinnern zu können. Grundsätzlich verbleiben sie aber in ihrer Opferrolle.

Als Nächstes informiert der Egoist dann im Einflussbereich des Betroffenen von dessen Wahn und verkündet seine Wenigkeit als Leidenden. Er wisse nicht, woher diese Antipathie komme und mit der Person stimme etwas nicht und sie bräuchte Hilfe. Gern auch ziehen Narzissten den Ex-Partner vor dem neuen Partner durch den Dreck und ver—schweigen, dass sie ihn zu einem psychischen Wrack gemacht haben. Sie schaffen es auch, Außenstehenden ihre Lügen perfekt zu verkaufen und statt etwas zu erfinden, drehen sie einfach die Taten des Opfers um und fassen Berichte bewusst falsch auf.

Sie lügen somit präventiv. Wenn sie sich bewusst werden, dass sie gerade etwas Falsches gemacht haben, stellen sie schon einmal den Leidenden von vornherein als unzurechnungsfähig dar, fallen ins Wort oder provozieren so lange, bis sie nachweisen können, dass das Opfer sich nicht unter Kontrolle hat, sie sich aber schon.

Der Narzisst setzt sich auch grundsätzlich durch. Verbietet man ihm etwas, macht er dieses dann erst recht, um zu demonstrieren, dass ihm keiner etwas vorzuschreiben hat und dass er über Allem steht. Er erfindet Krankheiten, er weint, er jammert, er passt sich jeder Situation an, um alle Beachtung auf sich zu ziehen und im Zentrum zu stehen.

Dies macht eine Beziehung mit einem Narzissten meist sehr schwierig und laugt den Partner vollständig aus. Narzissten zeigen ihrem Partner auch grundsätzlich, wie unumgänglich ihr Verlangen ist und wie nichtig die des Gefährten. Befindet sich der Partner in einer heiklen Lage, lässt der Narzisst grundsätzlich verlauten, dass seine Situation noch viel ernster ist. Allerdings kümmert sich der Narzisst auch sehr gern um die heiklen Situationen des Partners, allerdings nur, um ihm zu zeigen, wie schwach er ist und wie aufopferungsvoll der Narzisst doch ist. Dabei möchte er dem Partner nur suggerieren, dass dieser nun in seiner Schuld steht.

Narzissten sind auch nicht selten zu physischer Gewalt dem Partner oder sogar den Kindern gegenüber fähig. Dazu reicht die kleinste Kritik. Jene Ausbrüche lassen sich leider nur umgehen, wenn man dem psychisch Kranken alles gibt, was er begehrt. Narziss-ten misshandeln ihre Kinder leider so oft geschickt, dass es kaum nachweisbar ist.

Ihre Manipulationen sind auch nicht zu greifen. Das kindische "Gleiches mit Gleichem vergelten" be-hält der Gestörte als Erwachsener bei. Er manipuliert, um an Macht oder finanzielle Vorteile zu kommen. Sie geben auch grundsätzlich nicht zu, Fehler begangen zu haben und entschuldigen sich auch nicht. Wenn sie sich entschuldigen, dann geht das nur einher mit Be-leidigung oder Schuldzuweisung. Narzissten können die emotionale Verfassung ihrer Umgebung lesen und sie somit manipulieren.

Sie wissen genau, wann sie drohen und wann sie feinfühlig sein müssen. Sie gleichen ihre Empfindung mit den anderen ab, ansonsten schalten sie ihre Emo-tionen einfach ab. Sie rufen Situationen hervor, in de-nen man als Gefährte nur das Nachsehen haben kann. Sie bitten nicht, sie fordern. Bei einer Abweisung be-helligen sie den Freund so lange, bis er dies tut. Grund-sätzlich tragen auch alle anderen die Schuld für die Missgeschicke des Narzissten.

Wenn der Narzisst physische Gewalt ausübt, hat der Partner ihn gereizt. Wenn er schreit, sind die miss-ratenen Kinder schuld, verliert er seine Arbeit, wusste man ihn nicht genug zu würdigen. Narzissten haben eine feine Empfindung für angeknackste

Freundschaften und mogeln sich dort immer hinein, um Beziehung zu zerstören.

In der Beziehung zeigt der Narzisst meist klare Strukturen. Er ist manipulativ und spielt Psychospielchen. Als klassisches Beispiel könnte man hier sehen, dass er behauptet, sich etwas anzutun, wenn er verlassen wird. Weibliche Narzissten bilden hierbei keine Ausnahme. Auch haben Narzissten in Beziehung große Schwierigkeiten, jemanden aufrichtig zu lieben. Ihnen ist es nur wichtig, dass man ihre Bedürfnisse erfüllt.

Der größte Teil der Narzissten geht auch fremd. Die Wahrscheinlichkeit, von einem egoistischen Vertrauten hintergangen zu werden, ist mehr als doppelt so hoch als in einer normalen Beziehung, da der Narzisst immer auf der Jagd nach neuen Bewunderern ist. Weibliche Narzissten bilden hierbei wieder keine Ausnahme.

Die mangelnde Empathie ist eine der größten Herausforderungen für die Beziehung mit einem Narzissten. Dadurch, dass sie die Dinge nur aus ihrer Sicht betrachten können und sich nur auf ihren eigenen Schmerz fokussieren, sind sie dementsprechend nicht einfühlsam und empfinden nicht, wenn der Partner leidet. Die meisten Partner in einer narzisstischen Beziehung fühlen sich nach einiger Zeit immer einsam.

Sie müssen ihrem Partner dauerhaft das Gefühl

geben, etwas Besonderes zu sein und werden selbst grundsätzlich in den Schatten gestellt, bis sie irgendwann ein negatives Selbstbild bekommen. Dann können Sie dem Narzissten nicht mehr die Aufmerksamkeit schenken, die er braucht, und er zieht weiter. Nicht selten müssen die Partner von Narzissten danach selbst in Therapie, um ihr mangelndes Selbstwertgefühl wieder in die richtigen Bahnen zu lenken.

Anders tritt der Ko-Narzissmus auf. Diese Art der Egoisten wächst an Anerkennung. Er sucht sich einen Partner, der sich anpassen kann und gelernt hat, anderen zu dienen. Diesen idealisiert er dann, um sich selbst ganz so zu fühlen. Er vergöttert seinen Partner und erweitert somit sein falsches Selbst. Die selbstverliebten Ko-Egoisten sind eigens auch gestört, allerdings bereinigen sie ihre kaputte Eigenwahrnehmung dadurch, dass sie andere anerkennen und ihr Ego somit erweitern. Diese Beziehung wird meist zu einer Symbiose.

Narzissmus in der Politik

Bärbel Wardetzki, 1952 in Berlin geboren, ist Psychotherapeutin in München. Ihre wissenschaftlichen Schwerpunkte sind neben Essstörungen auch die narzisstischen Persönlichkeitsstörungen. Sie hat mehrere Bücher verfasst zum Thema Narzissmus in der Politik.

In ihrer neuesten Veröffentlichung „Narzissmus, Verführung und Macht in Politik und Gesellschaft" beschreibt sie, wie der Narzissmus Einzug in die Politik hielt. In ihrem Buch arbeitet sie hauptsächlich mit den negativen Beispielen, wie Donald Trump, Wladimir Putin oder Recep Erdogan. Wardetzki sagt, dass der

Narzissmus stark in unsere Gesellschaft eingewoben wurde. Narzisstische Menschen würden sehr viel eher gewählt werden, da sie mehr Macht verkörpern als die Durchschnittsmenschen.

Die entscheidende Frage für sie ist jedoch, wie die Narzissten ihre Macht ausleben: konstruktiv oder destruktiv? Bei Putin, Erdogan und Trump ist sie sich sicher, dass die Stellung allein für den eigenen Machtvorteil benutzt wird. Also destruktiv; und dies ist in ihren Augen Machtmissbrauch. Sie fasst auch die Thematik der US-Psychologen auf, die Trump über eine Ferndiagnose eine gravierende, emotionale Instabilität attestiert und schon vor der Wahl zum Präsidenten vor ihm gewarnt haben. Laut Wardetzki ist Trump ein Paradebeispiel, er zeige sehr viele narzisstische Mechanismen, wie zum Beispiel die geringe Empathie-Fähigkeit.

Dazu kommt, dass er diese allerdings auch ganz öffentlich auslebt und auch ganz klar sagt, dass er sich nicht in andere hineinversetzen will. Auch Trumps Unberechenbarkeit und seine schwache Impulskontrolle deuten auf eine narzisstische Persönlichkeitsstörung hin und somit bietet er sich in ihren Augen einfach als Paradebeispiel für Psychologen an. Auf die Frage, ob die Gesellschaft nicht die Schuld an Narzissten als Staatslenker trägt, hat Wardetzki eine klare Ansicht: Sie sagt, Narzissten wie Trump seien politische

Verführer und es falle den Menschen unglaublich schwer, ihnen zu widerstehen.

Das würde man aus Beziehungen kennen, wenn jemand kommt und einen zum wunderbarsten Menschen der Welt erklärt, wie könnte man dieser Person widerstehen? Laut Wardetzki befriedigen Narzissten an der Macht unser Bedürfnis nach diesem großen, starken Menschen, an den wir uns anlehnen können, der uns beschützt, der für uns denkt und handelt, ohne dass wir uns anstrengen müssen.

Dies sei sehr viel einfacher, als selbst nachzudenken, Informationen zu holen, Entscheidungen zu treffen und vor allen Dingen für diese Entscheidungen selbst einzustehen. Wardetzki sagte damals schon voraus, dass Trump ganz klar strukturiert handeln wird, wenn der Applaus für ihn ausbleibt.

Sie sagte, entweder würde er seine Welt weiter beschönigen und sagen, er bleibe auf seinem Posten, denn andere seien an dem Dilemma schuld, oder er würde vor Ablauf seiner Wahlperiode eigenständig gehen und behaupten, es wäre eine Hexenjagd auf ihn veranstaltet worden. Einsicht würde er nie zeigen. Wenn man sich jetzt die Wahl zwischen Trump und Biden ins Gedächtnis ruft, erkennt man, wie sehr Wardetzki recht hatte.

Trump räumt mittlerweile seinen Posten freiwillig, redet aber immer noch von Wahlbetrug und gibt somit anderen die Schuld. Wardetzki sieht allerdings auch in Barack Obama narzisstische Strukturen, denn bei beiden, Trump sowie Obama, hat man den Anschein eines Menschen, der eine Überzeugung hat und der uns führen kann.

Aber auch Frauen mit narzisstischen Strukturen sieht sie klar in der Politik. So sagt sie von Theresa May, der britischen Premierministerin, dass sie ganz klar wunderbare narzisstische Strukturen aufweist. Sie sei eine Eisprinzessin, die allen vergeltet, was sie ihr ihrer Meinung nach an Ungerechtigkeiten zugefügt haben. Auch bei Angela Merkel sieht sie narzisstische Strukturen. In ihrer Ansicht ist Angela Merkel ein absoluter Machtmensch, allerdings nicht zerstörerisch und destruktiv wie Trump, sondern eher jemand, der ein Mutterbild verkörpert und bei dem wir das Gefühl haben, er sorge gut für uns.

Laut der Universität Leipzig gibt es sogar einen Zusammenhang zwischen Narzissten und ihrer politischen Orientierung. Im Oktober 2018 wurde eine Studie von Alexander Yendell und Elmar Brähler vorgelegt, welche besagt, dass narzisstische Wähler in Deutschland meist die AfD wählen, danach kommen die Anhänger der Linkspartei. Den kleinsten Ansporn zum pathologischen Egoismus ergab sich bei den Wählern der FDP und SPD. Berücksichtigt wurden in der Studie Alter, Geschlecht, Bildung und die Ost-West-

Herkunft sowie die Selbsteinordnung im politischen Spektrum.

Arten des Narzissmus

Bereits in den 90er-Jahren stellte der Seelenanalyst Jonathan Chic fest, dass die pathologische Selbstverliebtheit zwei extreme Seiten haben kann: den großartigen Narzissmus und den Verletzlichkeitsnarzissmus.

Bei beiden Varianten äußern sich interessanterweise Arroganz und Egomanie. Damit schließen die Berührungspunkte aber auch schon ab. Vor allem der verletzliche Typus tritt weniger aufdringlich auf; er wird als hypersensibel beobachtet, agiert vorsichtig und zurückhaltend. Bei dem verletzlichen Narzissten haben auch hier die Eltern in der Kindheit den

Grundstein für die Art gelegt. Sofern sie keine starke Beziehung zu ihrem Nachkommen aufbauen konnten, war dieses Kind sich natürlich nicht zweifelsfrei klar, ob die Erziehungsberechtigten es aufrichtig ehren oder nicht.

Dadurch entstand die Unsicherheit, die bis ins Erwachsenenalter geblieben ist. Anzeichen für den verletzlichen Narzissten sind natürlich nicht nur, dass sie viel empfindlicher sind, sondern dass sie sich auch eigentlich durchgehend inkompetent fühlen. Sie nutzen den Narzissmus nur als Fassade, um ihre Angst vor Ablehnung zu verstecken.

Sie können in den Beziehungen viel eifersüchtiger und besitzergreifender werden als ihre narzisstischen Genossen, da sie sich viel mehr Sorgen darüber machen, wie sie von ihrem Partner in der Beziehung wahrgenommen werden. Die verletzlichen Narzissten sind viel weniger in den sozialen Netzwerken aktiv als die großartigen Narzissten. Die meisten Menschen empfinden ihn als empfindlichen, introvertierten Charakter. Dies kann unbewusst ein reiner Selbstschutz sein. Allerdings klingt es auch sympathischer, für sensibel gehalten zu werden, anstatt für selbstverliebt und arrogant.

Bei dem großartigen Narzissten haben die Erziehungsberechtigten schon zeitig im Kindesalter das Gefühl angelegt, dass er anderen überlegen ist. Dadurch entstand die Erwartungshaltung, mit der er sein Leben bestreitet.

Folgende Anzeichen sind laut den Forschern typisch für den großartigen Narzissten: Sie reagieren noch schlechter als andere Narzissten auf negatives Feedback. Sie weisen ein sehr starkes Format an Kontrolle auf, um den Eindruck zu erwecken, noch selbstbewusster zu sein als andere. Sie haben selten Schwierigkeiten damit, jedem mitzuteilen, wie beeindruckend sie sind, haben aber gleichzeitig eine sehr große Furcht vor Zurückweisung.

Holly Hendin, Jonathan Cheek und Paul Wink haben einen außergewöhnlichen Selbsttest entwickelt, mit dem man heimliche Narzissten aufspüren kann. Natürlich kann ein solcher Test nur Indizien liefern und ersetzt in keinem Fall eine Therapie oder die Meinung eines Facharztes.

Professor Claas Hinrich Lammers, Chefarzt für Psychiatrie am Asklepios Klinikum Nord in Hamburg und Narzissmus-Experte, erklärt, dass es nicht nur negative Seiten, sondern auch gute und positive Seiten am Narzissmus gibt. Gestörte sind beschwerlich, egoistisch und inhaltslos, was nicht bedeutet, dass alle, die von ihrem Standpunkt überzeugt sind, direkt die Pathologie eines Narzissten aufweisen. Viele Eigenarten, die man in der Moderne als narzisstisch bezeichnet, sind durchaus normal, sagt der Professor.

Der Psychologe Delroy Paulus fand als Anstoß in einer Untersuchung heraus, dass egoistische Gleichgesinnte schon bei dem allerersten Aufeinandertreffen als direkt, bewährt, sorgfältig, leutselig und sogar interessant empfunden wurden.

Dies steigerte und festigte den Teamgeist. Weitere Gewinne, die mit Egoismus gern in Kausalität gebracht werden, sind bessere Ergebnisse. Denn positiv gesehen stehen Narzissten gern im Mittelpunkt und beweisen ihr Können, somit zeigen sie meist mehr Engagement. So sind Narzissten auch für mehr Innovation bekannt, so lautet der Befund der Studien, an der Friedrich-Alexander-Universität in Erlangen, denn Innovationen haben ein großes Potenzial für Aufmerksamkeit, also eine perfekte Bühne für den Narzissten.

Eine eher seltene Abspaltung des bekannten Narzissmus ist das Syndrom des malignen Narzissmus. Dieses besteht aus vier Bausteinen: narzisstische Persönlichkeitsstörung, paranoide Persönlichkeitsstörung, Sadismus und Aggression. Menschen mit boshaftem Egoismus sind systematischer, sie sind gesünder, wenn man will. Experten sind sich mittlerweile einig, dass viele bekannte Namen unter dem malignen Narzissmus leiden.

So unter anderem Saddam Hussein, Josef Stalin, Adolf Hitler oder auch Ted Bundy. Er war vertrauenswürdig in der ersten Erscheinung und konnte Frauen betören, danach ermordete er sie. Wie auch weniger gefährliche Narzissten entwerten maligne Narzissten andere Personen, nur dass bei dem malignen Narzissmus diese Entwürdigung über die Kontrolle hinaus bis zum Tod des Opfers geht.

Das antisoziale Verhalten des malignen Narzissten zeigt sich meist in Gewalt, aber auch in absoluter Ausnutzung. Sie erfuhren meist als Kind Zwang und rotten ihre Emotionen somit schon früh aus. Sie zeichnen sich durch ihr Misstrauen aus, ihre Grausamkeit, ihre Brutalität und ihre antisoziale Persönlichkeit. Doch auch diese Menschen kann man therapeutisch erreichen, da auch sie noch eine minimale Fähigkeit zur Empathie besitzen. Und genau dies kann der Therapeut nutzen.

Alexander Lowen schrieb 1992 in seinem Buch "die Verleugnung des wahren Selbst", dass der krankhafte Egoismus eine Störung der eigenen Persönlichkeit auf der grundlegenden und spezifischen Ebene sei. Auf der weltlichen Ebene könne man den Egoismus hingegen an dem gänzlichen Verfall der individuellen Werte ausmachen. Dies hätte auch erhebliche Nachteile für die Umwelt und die Qualität des Lebens bei Mensch und Tier. Denn ein Volk, welches die Umwelt, ohne mit der Wimper zu zucken, für den eigenen Profit und die eigene Macht opfert, würde dadurch verraten, dass es seine Kultur überbewertet und nur den Narzissmus auslebt.

Den Narzissten entlarven

Mittlerweile ist das Internet voll von Selbsttests, ob man ein Narzisst ist oder mit einem solchen in einer Beziehung steckt. Wie viel Wahrheitsgehalt dahinter ist oder ob man einfach nur einen charakterstarken Partner hat, wird dort natürlich nicht erklärt.

Und so wird der Begriff Narzissmus immer häufiger falsch verwendet. Es gibt allerdings grundlegende Anzeichen, um einen Narzissten zu entlarven. Diese sind recht einfach, sollten dennoch immer weiter verfolgt und nicht einfach stur abgehakt werden. An erster Stelle steht die Manipulation.

Jeder Narzisst ist ein Meister der Manipulation. Man braucht ein wenig Zeit, um dahinterzukommen, aber wenn man es denn geschafft hat, ist dies ein klares Anzeichen.

Des Weiteren kontrollieren Narzissten gern. Manche haben sogar einen überaus ausgeprägten Kontrollzwang. Als klassisches Beispiel gilt auch die mangelnde Empathie. Zu der mangelnden Empathie kommt noch die Unfähigkeit, Kritik anzunehmen. Sei es konstruktive oder destruktive in Form eines Wutausbruches in einer Ausnahmesituation. Ein weiteres Anzeichen für einen Narzissten ist ihre Überlegenheit, diese spielen und sprechen sie in jeder Situation aus, sei es noch so unangebracht.

Gerade für Partner in Beziehungen mit Narzissten ist es sehr interessant zu wissen, dass diese sehr häufig betrügen, nicht nur auf der Suche nach einem neuen Kick, sondern auch auf der Suche nach neuen Bewunderern finden Sie sich meist in den Armen einer ihnen unbekannten Person wieder und geben selbstverständlich dafür dem Partner zu Hause die Schuld.

Zu dem Gefühl, ständig unterlegen zu sein und nicht zu genügen, muss man sich auch grundsätzlich Ausreden in der Partnerschaft mit einem Narzissten anhören, warum irgendetwas nicht gemacht wurde, Fehler nicht eingestanden wurden oder Ähnliches. Die meisten Partner sind für den Narzissten Status-

symbole. Da dieser keine Empathie oder Gefühle empfinden kann, außer für sich selbst, möchte er natürlich
einen Partner, mit dem er sich nach außen hin schmü-
cken kann.

Da Narzissten alles, was das Gegenüber sagt, persönlich nehmen, muss man sich auch sehr oft unbe-
gründete Ängste von diesem anhören, denn logische
Argumente stoßen bei dem Narzissten auf taube Oh-
ren, da er grundsätzlich in seiner eigenen Welt lebt und
sich diese geschaffen hat. Ein klares Anzeichen für einen Narzissten ist außerdem, dass die Freundschaften,
die er pflegt, nur von kurzer Dauer sind. Narzissten
sind nicht in der Lage, lange Freundschaften, sei es pla-
tonisch oder in einer Beziehung, aufrechtzuerhalten,
da der Drang nach Neuem immer weiter steigt und sie
ihre Scheinwelt, die sie sich nach außen aufgebaut haben, nicht unendlich aufrechterhalten können. Die
Hinterbliebenen stehen dann meist vor einem Scher-
benhaufen.

Brad Bushman, Professor für Psychologie und
Kommunikation mit Lehrstuhl an der Ohio State Universität, hat mit seinen Forschern eine Kette von 11 ob-
jektiven Forschungen mit vollends 2250 Testpersonen
durchgeführt und ausgewertet. Laut seinen Studien
gibt es einen simplen Trick, einen Narzissten zu entlarven. Fragen Sie ihn. Die Frage erscheint unglaublich
subtil und nicht besonders klug, aber gerade das ist ihr

Sinn und Zweck.

Je narzisstischer der Charakter ist, umso schneller wird Ihr Gegenüber diese Frage bejahen und sich selbst dabei auch auf einem sehr hohen Platz einordnen, davon ist Buschmann überzeugt. Betroffene verleugnen ihren Narzissmus nicht, da sie sich selbst sehr lieben und sich ganz großartig finden, so wie sie sind. Ein Narzisst kann nicht abstreiten, dass er sich bewundernswert findet und er möchte es auch nicht, denn was erscheint schon daran falsch? Gewissermaßen scheint es Naivität zu sein, aber zugleich auch Aufrichtigkeit.

Narzissmus in moderat ausgeprägter Form führt meist zu einer hohen Erwartungshaltung sich selbst gegenüber und kann somit zu auffallenden Ergebnissen führen.

Narzissmus auf Social-Media-Plattformen

In der heutigen Zeit begegnet uns Narzissmus sehr häufig in den sozialen Medien. Auf Facebook und Twitter tummeln sich immer mehr Selbstdarsteller und versuchen durch geschicktes Eigenmanagement, viel Präsenz zu erzielen.

Forscher von der Universität Michigan bringen ihre wissenschaftliche Theorie auf den Punkt: Facebook sei eine Reflexion und Twitter ein Sprachrohr. Während Heranwachsende und Schüler eher Twitter nutzen würden, um ihre Ruhmbegierde auszu–leben, sei es bei der sogenannten Generation Gold Facebook. Zur Begründung sagen die Forscher, dass man ab einem gewissen Alter sein soziales Selbst schon geformt hat und dies lediglich mit anderen abgleichen möchte. Hierzu sei Facebook prädestiniert. Insgesamt bestätigt die Studie allerdings, dass Social Media eine Reflexion des aufbegehrenden Narzissmus in unserer Gesellschaft sei.

Eine weitere Studie mit über 25.000 Teilnehmern zeigte, dass es einen klaren Zusammenhang zwischen dem grandiosen Egoismus und der Zahl der vermeintlichen Freunde und Bewunderer auf Facebook gibt sowie der zur Schau gestellten Bilder.

Da die Narzissten glauben, sie müssen von anderen bewundert werden, liegt es natürlich auch sehr nahe, dass sie Facebook oder Twitter für ihr übertriebenes Selbstbewusstsein und die übermäßige Bewunderung nutzen. Allerdings sagen die Forscher auch klar, dass die sozialen Medien nicht schuld am Narzissmus sind, sie fördern ihn vielleicht, aber die Auslöser liegen weiterhin in der Kindheit. Narzissten sehen soziale Netzwerke nur als Wegbereiter.

Therapieansätze bei Narzissten

Dennoch kommt die narzisstische Persönlichkeitsstörung in der Allgemeinbevölkerung eher selten vor. Sie liegt bei unter einem Prozent. Bei Personen in therapeutischer Behandlung schätzt man die Frequenz auf 1 bis 2 %. Als Vergleich: Eine Borderline Persönlichkeitsstörung betrifft knapp 15 % aller Patienten mit Geisteserkrankungen.

In der Regel erfolgt die Therapie der narzisstischen Persönlichkeit und ihrer Störungen durch eine Psychotherapie. Da gleichzeitig meist schwere Depressionen oder Selbstmordgedanken auftreten, kommt meist ein Aufenthalt auf Station und eine zusätzliche

Behandlung mit Medikamenten infrage. Allerdings lassen sich die Eigenschaften des Narzissten nur schwer grundlegend verändern.

Daher wird bei einer Therapie versucht, die aus der Störung hervorgerufenen Probleme bei dem Job und der Familie oder der Beziehung zu beheben. Auch erste Schritte in der Verhaltenstherapie setzen auf Training sozialer Kompetenzen und einem Narzissten ein annehmbares Verhalten im Zusammenleben mit anderen Personen zu vermitteln. Durch Rollenspiele lernen Narzissten, sich in andere Charaktere hineinzuversetzen und andere Sichtweisen zu übernehmen.

Doch gleichsam sind Gestörte schwerer zu therapieren, auch wenn sie häufiger Therapien aufsuchen, versuchen sie meist nur, die Methode der Verdrängung zu vertiefen. Der Therapeut nimmt für sie die gleiche Wichtigkeit wie ein Publikum ein, er bringt ihnen Anerkennung, von der sie sich nähren. Ein aufrichtiges Verlangen nach Änderung haben die meisten nicht, denn dieses setzt eine hohe psychische Belastung voraus. Krankhaft egoistisch Gestörte haben sich allerdings eine Selbsttäuschung in Form einer ausgefeilten Lebenslüge gebastelt, deren Daseinsberechtigung es ist, Leid zu vermeiden.

Andere leiden unter ihnen. Zudem hat ihre Störung viele Vorteile, so zeigt der Erfolg von Politikern und Popstars zum Beispiel, dass eine narzisstische

Lebensgestaltung funktioniert.

Der Beteiligte muss also in der Lage sein, von den Annehmlichkeiten des erfundenen Egos abzusehen und sich mit der Normalität seines Selbst zufriedenzugeben. Er muss lernen, dass innige Beziehungen zu anderen Personen auf Dauer zufriedener machen als der kurzfristige Kick. Der Betroffene muss lernen, sich selbst zu misstrauen und seine eigene Strategie abzulehnen. Also muss sein Wille so prägend werden, dass der Betroffene der Anziehung seines aufständischen Kindes selbst widerstehen kann. Zudem muss der Behandelte psychisch stabil sein. Der Therapeut hingegen muss vollkommen überlegt und bedacht vorgehen.

Die meisten Erkrankten haben negative Erkenntnisse gezogen, sonst hätte sich die Beeinträchtigung nicht so weit entwickelt. Selbstverständlich ist auch bei dem Therapeuten die Versuchung groß, diesen Personen mit Herzenswärme zu begegnen. Doch das wird der Egoist als Fehler auslegen und somit erproben, ob er den Therapeuten sich nicht zunutze machen kann. Häufig gelingt ihm das sogar. Somit muss der Analyst dem Betroffenen zwar wohlwollend, aber mit emotionaler Abgrenzung entgegentreten und alle Ausführungen lieber analytisch begleiten. Wichtig bei der Therapie eines Narzissten ist allerdings, dass man seine Sichtweise als Selbstschutz versteht, die ihn vor psychischen Krisen schützen soll.

Ein weiteres Problem, mit dem die Therapeuten in einer Therapie oft zu kämpfen haben, ist, dass der Narzisst, der auf der einen Seite den Therapeuten bewundert und idealisiert, diesem auf der anderen Seite mit Neidgefühlen und Abwertung entgegentritt. Charakteristisch ist auch, dass sie versuchen, den Therapeuten zu einem bestimmten Verhalten zu manipulieren, da sie der Meinung sind, sie müssten eine bessere Behandlung bekommen und haben darauf mehr Anspruch als andere.

Im Rahmen der Psychoanalyse wurden verschiedene Behandlungsansätze ausprobiert und entwickelt. So wollte zum Beispiel Otto Kernberg eine übertragungsfokussierte Psychotherapie. Da er davon ausgeht, dass man mehr mit Deutungen arbeiten und die Patienten konfrontieren sollte, da ihre Selbstüberschätzung eine Art Abwehrmechanismus gegen Wut und Neidgefühle ist. Es hat sich aber in den Vorgehensweisen schnell gezeigt, dass dieses Vorgehen häufig zu Therapieabbrüchen führt. Der Psychoanalytiker Heinz Kohut schätzte hingegen ein konfrontatives Vorgehen als wenig sinnvoll ein. Stattdessen befürwortete er ein unterstützendes und einfühlsames Vorgehen und sah dies als deutlich geeigneter an. Er wollte, dass die Betroffenen sich respektvoll behandelt fühlen. Auf diese Weise konnte der Patient die Erfahrung machen, dass er als Person akzeptiert und wertgeschätzt wird. Kohut hatte die Hoffnung, dass sich so ein positives Selbstbild entwickelt und er nicht ständig auf die Bewunderung anderer angewiesen ist.

Auch eine kognitive Verhaltenstherapie ist angeboten worden. Hier basiert die Therapie auf der wertschätzenden Beziehung und sieht dies als wichtiges Element an. Die Eigenheiten des Patienten sollen hierbei nicht moralisch gewertet werden.

Stattdessen will der Therapeut konkret auf die Erfahrungen und Probleme eingehen und die Schwierigkeiten des Patienten in Beziehung und Alltag herausarbeiten und so allmählich verändern. Außerdem versucht der Therapeut, ungünstige Denkmuster zu verändern und ihre Vorstellung umzuleiten. Der Narzisst soll lernen, dass sein Selbstwertgefühl nicht zu stark an der Meinung anderer Menschen hängt und somit aus dem Schwarz-weiß-Denken ausbrechen. Damit der Narzisst ein besseres Einfühlungsvermögen entwickelt, setzen viele Therapeuten auf Rollenspiele mit Videofeedback. Hier konnten sie die Erfahrung machen, dass der Narzisst sein eigenes Verhalten und wie er auf andere wirkt, deutlich vor Augen sieht und so entsprechend verändern konnte.

Natürlich gibt es auch bei diesen Therapien wie bei jeden anderen Therapien den Ansatz einer medikamentösen Behandlung. Allerdings zeigte sich schnell, dass narzisstische Persönlichkeitsstörungen eher schlecht mit Medikamenten behandelt werden können und man rückte von diesem Therapieansatz ab.

Doktor Utz Anhalt sagte, dass der pathologische Egoist dem Reiz der Selbstlüge widerstehen muss, ansonsten kann er nicht lernen, sein verstecktes Ego zu entdecken und vor allem dies wieder Stück für Stück an die Oberfläche kommen zu lassen, es aufzubauen und der Welt zu präsentieren.

Die günstigste Prognose haben die Personen, die schon Erfolgserlebnisse hatten und gute Beziehungserfahrungen gemacht haben, denn je besser die Eigenansicht wird, desto einfacher wird es auch, an sich selbst narzisstische Züge zu sehen und zu behandeln. Narzissten, die aufgrund ihrer Arroganz nicht auf den Analytiker zugehen und sich nicht auf die Therapie einlassen können, erleben mehr Fehlschläge im Leben, sind meist drogen- oder alkoholabhängig und haben somit eine weitaus schlechtere Prognose, in unserer Gesellschaft Fuß zu fassen.

Schlussfolgerung

Alles in allem kann man ruhig sagen, dass der Narzissmus nicht das ist, was die meisten denken. Er ist weder einfach zu diagnostizieren noch immer stetig strukturiert, geschweige denn nur auf eine Ursache zurückzuführen.

Aber mit dem Wissen, dass nicht nur die genetischen und erzieherischen Komponenten eine große Rolle spielen, sondern auch die umweltlichen Einflüsse, ist es einem jeden von uns möglich, dem entgegenzuwirken. Wir finden Narzissten nicht nur in dem Buch der Bücher, sondern auch in den sozialen Medien und in der Politik. Es sollten also alle die Augen aufhalten und aufpassen, nicht dem Charme des Narzissten zu verfallen und uns somit selbst zu verlieren, denn die Folgen wären neben einer jahrelangen Therapie, um das eigene Selbstbewusstsein wieder aufzubauen, vielleicht noch schwerwiegendere, bis dato noch gar nicht erforschte Folgeerscheinungen.

Herstellung und Verlag:

BoD – Books on Demand, Norderstedt

ISBN: 9783753496832

1. Auflage

Kontakt: Psiana eCom UG/ Berumer Str. 44/ 26844 Jemgum

Covergestaltung: Fenna Larsson

Coverfoto: depositphotos.com